LETTRES
DE SAINT ANTOINE

CORPUS

SCRIPTORUM CHRISTIANORUM ORIENTALIUM

EDITUM CONSILIO

UNIVERSITATIS CATHOLICAE AMERICAE
ET UNIVERSITATIS CATHOLICAE LOVANIENSIS

Vol. 149

SCRIPTORES IBERICI

TOME 6

LETTRES DE S. ANTOINE

VERSION GÉORGIENNE ET FRAGMENTS COPTES

TRADUITS PAR

GÉRARD GARITTE

LOUVAIN

IMPRIMERIE ORIENTALISTE

L. DURBECQ

1955

AVANT-PROPOS

Le texte géorgien des Lettres de saint Antoine, dont on trouvera ici la traduction, nous est conservé dans deux mss du Sinaï, tous deux du Xe siècle, le cod. Sin. géorgien 35, fol. 1r-22v, et le cod. Sin. géorgien 25, fol. 70v-78v [1].

Le cod. 35 (= **A**) présente une lacune de deux feuillets après le fol. 22 ; le premier des deux feuillets manquants se trouve aujourd'hui à la Bibliothèque de l'Université de Gratz (Autriche) ; complété par ce feuillet, le ms. du Sinaï fournit un texte presque complet des 7 Lettres d'Antoine ; il n'y manque que le début de la première Lettre (n°s 1-11) et la fin de la septième (n°s 10-20).

Le cod. 25 (= **B**) contient la septième Lettre (fol. 70v-73r), suivie de la troisième (fol. 73r-78v).

Les Lettres sont disposées autrement dans le géorgien que dans la collection latine (**L**) (PG, 40, col. 977-1000) ; voici la correspondance des deux séries :

G	1	2	3	4	5	6	7
L	1	4	5	2	3	6	7

Nous avons intentionnellement traduit le texte géorgien d'une façon très littérale ; comme ce texte est la version d'une version perdue, il importe que la traduction rende compte, non seulement du sens, mais aussi, autant que possible, de la lettre même du texte à traduire ; nous avons notamment respecté partout, en traduisant, l'ordre des mots du texte géorgien (ordre qui est souvent plus grec, voire plus copte, que géorgien) ; nous n'avons fait exception que dans des cas de force majeure, par exemple pour les postpositions et pour la conjonction *xolo* « autem », qui en géorgien se place en tête de la proposition qu'elle introduit. Les éléments entre parenthèses n'ont pas de correspondant explicite dans le géorgien, et sont ajoutés pour la clarté de la traduction latine. Dans le ms. A, les Lettres 3, 4 et 7 sont munies chacune de deux titres en géorgien, écrits, l'un en caractères géorgiens, l'autre en caractères grecs (voir

---

1 Pour plus de détails, voir l'introduction à l'édition du texte géorgien.

volume de texte, p. VII) ; nous avons conservé chaque fois les deux titres dans notre traduction (p. 7, 11, 28).

On trouvera dans ce volume, outre la traduction du texte géorgien, celle des fragments coptes conservés des Lettres d'Antoine, savoir :

1) le texte des deux feuillets de Naples I. B. 1, nº 345 (= Zoega CLXXI), comportant la septième Lettre entière (numérotée 4 dans le copte), la fin de la précédente (= G 6, L 6, nᵒˢ 48-51) et le début de la suivante (= G 3, L 5, nᵒˢ 1-2a) ;

2) des citations faites par Bésa dans des lettres inédites conservées dans le ms. copte du British Museum, Or. 8810, fol. 72rb-73vb (= G 4, L 2, nᵒˢ 29-41, 44) et fol. 71rb-vb (= G 4, L 2, nᵒˢ 98-99, 101).

L'index alphabétique, où nous avons fait figurer tous les termes importants, facilitera l'analyse des Lettres et servira à repérer les nombreux passages parallèles entre eux qu'elles contiennent.

[ANTONII EPISTULA PRIMA]

* 12 ...] « *Lex Domini immaculata est et convertit animas* » [1], *** p. 1**
13 et alio loco dicit : « *Revelatio verborum tuorum illuminabit*
me et intelligentes faciet infantes » [2]; **14** et aliud multum est quod
non possumus omne dicere. **15** Tertia introductio haec est : nonnulli
5 corde duri fuerunt primo et in operibus peccati permanentes fuerunt; et, quis scit, super hos tales benignus Deus immittit labores
(cum) increpatione, **16** donec sciant laboribus his, et poeniteat eos,
et convertantur, et ad praedicationem veniant, si poenitentiam ege-
rint toto corde, et accipiant et illi virtutes, sicut illi de quibus prius
10 dixi. **17** Hae igitur tres introductiones sunt animarum quae ad
poenitentiam veniunt, donec consequantur gratiam et vocationem
filii Dei. **18** Sed puto, qui ingressi sunt toto corde et ordinaverunt
se ipsos ad sustinendas omnes pugnas inimici, donec vincerent,
19 quia primo hos vocat spiritus sanctus, et minuit [3] eis in omni (re)
15 ut dulce-fiat eis opus poenitentiae; **20** et imponit eis terminum
modum poenitentiae in corporibus et animabus eorum, **21** donec
doceat eos modum conversionis ad se, creatorem Deum; **22** et dat
eis violentiam in anima et corpore ut ambo pura sint et eodem modo
ambo heredes fiant, **23** corpus ieiuniis multis et vigiliis <...> [4]
20 et sudio et ministerio * quod facit corpore; **24** et cogitur ad hoc *** p. 2**
omni fructificatione corporali. **25** Et spiritus poenitentiae dux fit
eis in his, et temptat eos in his, ne inimicitia retrorsum convertat
eos. **26** Tum dux animarum [5] incipit aperire oculos animae eorum,
ut det eis suam poenitentiam ut pura sit; **27** et intellectus separa-
25 tionem inter eos dat, et incipit doceri a spiritu ad purificationem
corporis et animae per poenitentiam; **28** et intellectus docetur a
spiritu et ducit nos in animae et corporis operatione, et pura facit
ea, **29** et distinctionem dat per corporis fructus ab (eo quod) mixtum
(est) cum omnibus corporis naturis ex quo legis transgressio facta

---

[1] *Ps.* XVIII, 8.　　[2] *Ps.* CXVIII, 130.　　[3] Comp. syr. ܐܠܗܐ ܕܗܘܢ
ܠܗܘܢ ܘܥܒܕ ܠܚܬܟܘܬܗܘܢ *et facit eis ut sit pugna eorum levis eis.*　　[4] G
om. *anima vero in spiritu* L (col. 978 C).　　[5] Vel *spirituum*, sic G; L *deductor*
Spiritus (col. 978 C); syr. ܪܘܚܐ ܡܕܒܪܢܐ *spiritus deductor.*

est; **30** et profert unamquamque corporis naturam secundum primam creationem; **31** nihil habet alienum (veniens) ab inimico spiritus. **32** Et corpus fit sub potestate intellectus, et docetur a spiritu, secundum verbum Pauli apostoli : « *Prohibeo corpus meum et servum reddo* » [6]. **33** Nam intellectus se ipsum purificavit a cibis et potionibus et somno, et ⌈semel omnino [7] ab omnibus sui ipsius motibus, **34** donec et a naturae coniunctione recessit ille per puritatem suam. **35** Et puto quia tres motus sunt in illo. **36** Nam est

* p. 3 is (motus qui proprius est) naturae corporis concretus ei, * sed non fit sine animae voluntate, sed cognitum ... [7a]. **37** Est autem in corpore alius etiam motus, ex pastu corporis multis cibis et potionibus et calefactu sanguinis qui ex escis impugnat corpus, nam concretus ille (*sc.* motus primus) permovetur e voluptate; **38** propter hoc Apostolus dicit : « *Ne inebriemini vino, per quod est luxuria* » [8]; **39** deinde Dominus praecipit discipulis in Evangelio : « *Attendite ne gravantur corda vestra cibo et potione* » [9] et voluptate magis. **40** Qui autem quaerunt mensuram puritatis, (iis) debemus dicere quia « *Prohibebo corpus meum et servum reddam* » [10]. **41** Tertius motus est a malis spiritibus, nam temptant invidia et volunt divertere (eos) qui conantur se ipsos sanctificare. **42** Tribus autem his modis si anima perseveraverit ex se ipsa ad sustinendum in testimoniis quae spiritus docet intellectum, purificat utraque e morbo qui est

* p. 4 in tribus modis; * **43** si(n vero) exspectaverit ex se ipso intellectus in testimoniis quibus spiritus testificatur ei, tum mali spiritus seminant in concretione corporis et impugnant illo motu, **44** donec anima fatigetur et quaerat undenam auxilium ei veniat, et convertatur, et adhaereat spiritus testimoniis, et reviviscat; **45** tum credit quia requies eius haec est, habitare cum Deo, et quia ille est pax eius. **46** Hoc dixi de poenitentia per corpus et animam, et quomodo oporteat purificare ea; **47** et quando accipit talibus modis pugnam intellectus, tum petit a spiritu, et incipit separare animales morbos qui adveniunt super eum ex voluntatibus ipsius. **48** Tum fuit [11] participatio spiritus et intellectus ex mandatorum observantia quae dat ei, **49** et docet eum sanare omnem morbum animae et unumquod-

---

[6] 1 *Cor.*, IX, 27.   [7] Copt. ϩⲁⲡⲁϩ ϩⲁⲡⲗⲱⲥ.   [7a] Textus mutilus?
[8] *Ephes.*, V, 18.   [9] *Luc.*, XXI, 34.   [10] 1 *Cor.*, IX, 27.   [11] Sic cod. (ⲟⲩϭϧ);
leg. ⲟⲩϭⲃ *erit*? Cf. L *erit* (col. 979 C).

que ab ea separare mixtum quod accepit in corporis naturis, et alia quae fuerunt ex eo ipso in anima extra corpus, a capite usque ad pedes, propriam eius voluntatem, quam mixtam habebat in illis. **50** Oculis terminum imponit ad recte et pure videndum, ne ultra alienum aliquid habeant. **51** Et post id auribus ad audiendum in pace, neque amplius volunt maledictionem neque contumeliam hominum audire, **52** sed omnis (*sc.* hominis?) dispositionem et misericordiam erga omnes creaturas volunt, nam in his aeger erat olim. **53** Deinde rursus linguam docet suam puritatem, nam hic talis morbus magnus-factus est ei, et quo aeger erat hoc etiam loquebatur, et tribuit linguae quod opus eius erat; hic ergo morbus abundantius magnus-factus est ei per hoc membrum quod est lingua; **54** nam * Iacobus apostolus testificatur et dicit : « *Qui putabit seip-* * p. 5 *sum oboedientem et non frenum ponet linguae suae se ipsum seducit, et eius oboedientia vana est* » [12]; **55** deinde rursus alio loco dicit quia : « *Lingua parvum membrum est et magnopere exaltat, quae contaminat totum corpus* » [13], et aliud multum quod non possum nunc omne dicere; **56** si intellectus potuerit accipere a spiritu, ille primo purificatur, et tum perquirit verba, et tradit linguae, ne ullam habeant perversitatem vel voluntatem cordis; **57** et verbum Salomonis perficitur quod dicit : «*Mea verba* dicta sunt a Deo; *non est in eis pravitas nec perversitas* » [14]; **58** deinde rursus idem alio loco dicit : « *Lingua sapientium medicus est* » [15], et alia etiam multa verba sunt. **59** Et deinde rursus motus fortium (*leg.* manuum) [16] si aliquando fuerunt motae in quibus non oportet per intellectus voluntatem, nunc autem spiritus firmitatem harum determinat ad puritatem per orationes et misericordias, ut illa (opera) in illis fiant; **60** et super has verbum perficitur de orationibus : «*Elevatio manuum mearum sacrificium vespertinum* » [17], et quia « *Manus fortium ditificant* » [18]. **61** Deinde rursus escam ventris purificat et potionem eius, etsi insatiabilitate utebatur in eis (olim per animae voluntates motus [19] erat ad eas), desiderio et insatiabilitate ciborum et potionum, **62** quae daemones vicerunt, de quibus spiritus sanctus dicit per Davidem : « *Cum superbo oculo et insatiabili corde,*

---

[12] *Iac.*, I, 26.   [13] *Iac.*, III, 5, 6.   [14] *Prov.*, VIII, 8.   [15] *Prov.*, XII, 18. [16] Sic cod.; leg. *manuum*, ut L (col. 980 B) et syr.   [17] *Ps.* CXL, 2.   [18] *Prov.*, X, 4.   [19] Cod. *mixtus*.

* p. 6 *cum hoc non* * *edebam* » [20]. **63** Si rursus quaesiverint huius [21] etiam
puritatem, deinde rursus spiritus terminum imponit eis puritatis,
moderate sufficienter, secundum corporis potentiam, **64** ne amplius
habeat in eo concupiscentiae gustum; **65** et super hoc verbum
Pauli perficitur quod dictum est : « *Sive manducabitis, sive bibetis,*
vel aliquid facietis, ad glorificationem Dei facite » [22]. **66** Deinde
rursus per ventrem motis e fornicatione cogitationibus, rursus intellectus docetur a spiritu et discretionem tribuit in (harum) motibus
trium modorum, et contentus est purificatione [23]; **67** nam adiutor
est ei spiritus et potentiam dat ei; et extinguuntur motūs e spiritu
(veniente) potentiā, et pacificat totum corpus (et) interrumpit
motum; **68** et hoc est verbum a Paulo dictum : « *Mortificate membra*
ista terrae, fornicationem, impuritatem, passionem, cupiditatem
malam » [24], et (quod) sequens (est) haec. **69** Deinde pedes, si olim
non habebant salvum gressum ad Deum, rursus intellectus, qui
factus est unus sub potestate spiritus, hos cogit [25] ire secundum
voluntatem spiritus, **70** ut eant ad ministerium meliorum operum, ut
totum corpus immutetur et fiat sub potestate spiritus. **71** Et puto
quia nunc quidem accepit partem aliquam spiritalis corporis hoc
tale (corpus), quod accepturum est in iustorum resurrectione. **72** Hoc
dixi de animae morbis quae accepit permixtionem cum natura corporis, mota in eis, quae dux fuit malorum spirituum per operationem
in membris. **73** Sed dicam item quia habebit ex se ipsa anima etiam
aliud quid extra corpus; nunc qui sint hi (morbi) examinabimus
* p. 7 eos. **74** Nam * superbia morbus eius est extra corpus; iactantia item
morbus eius est extra corpus, et rursus inflatio, et odium, et invidia,
ira, et pusillanimitas, impatientia, et aliae minutiae eorum. **75** Si
dederit se ipsam Deo toto corde, tum benignus Deus tribuet ei
spiritum poenitentiae, et testificatur de singulis aegritudinibus, ut
poeniteat de illis; **76** et inimici impediunt eam et temptant in his,
nec sinunt eam poenitere; **77** si sustinuerit et oboedierit docenti
eam spiritui ad poenitendum, tum creator miseretur de labore poeni-
tentis laboribus corporalibus, ieiuniis magnis, et vigiliis, et studiis
multis verbi Dei, et orationibus pluribus, et renuntiatione mundi et
humanorum operum, et humilitate, et paupertate spiritus; **78** et in

---

[20] *Ps.* c, 5.   [21] *Domini* L (col. 980 C).   [22] 1 *Cor.,* x, 31.   [23] L *inni-*
titur ad sanctificationem (col. 980 D).   [24] *Col.,* III, 5.   [25] Litt. *impedit.*

his omnibus sustinet : tum benignus Deus videt eius patientiam in temptationibus, miseretur (eius) et adiuvat eam. Amen.

ANTONII EPISTULA SECUNDA

1 Caros et honorabiles fratres Antonius per Dominum vos saluto. **2** Vere, cari per Dominum, non uno tempore Deus visitationem faciebat super creaturas suas, **3** sed ab initio mundi, quotquot venerunt ad ⌐multi creatorem ¹ per testamenti legem, cum his exit Deus cum unoquoque benignitate, gratia, spiritu suo. **4** De rationalibus autem * naturis, quibus ex testamenti lege anima earum et sensus cordium earum mortua facta sunt, (ita) ut non iam potentes fuerint illae intelligere secundum primam creationem, **5** hoc dico quia hae irrationabiles factae sunt omnino, et ministrabant creaturae et non creatori. **6** Creator autem omnium per suam magnam benignitatem visitationem nostram fecit per testamenti legem; nam essentia est immortalis. **7** Et quotquot ⌐Dei < ... > ² facti sunt per suam testamenti legem et edocti sunt per spiritum sanctum et acceperunt filiationis spiritum, **8** ii potuerunt adorare suum creatorem sicut oportet, de quibus Paulus apostolus dicit quia « Non amplius *acceperunt promissionem* propter nos » ³. **9** Sua autem impoenitenti caritate omnium creator volebat visitare nostras aegritudines et dissipationes, **10** (ac) suscitavit Mosem legislatorem qui dedit nobis legem litteris, et fundavit nobis domum veritatis, quae est catholica ecclesia, quae creavit unionem, nam volebat Deus converti nos ad primum ipsum initium; **11** Moses aedificavit domum, et non perfecit, sed reliquit eam et abiit. **12** Deinde rursus Deus suscitavit concilium prophetarum per spiritum suum, et aedificaverunt ipsi quoque super fundamentum Mosis, nec potuerunt perficere eam; eodem modo reliquerunt eam et illi, et abierunt. **13** Et omnes spiritu induti viderunt vulnus quia insanabile factum est et quia nulla ex creaturis potens erat sanare (illud), * **14** nisi unigenitus, qui est intellectus verus Patris et imago eius, qui ad imaginem imaginis suae fecit omnem rationalem creaturam; **15** nam sciebant hi quia salvator est magnus medicus; congregati sunt omnes unā

* p. 8

* p. 9

---

1 Sic.   2 Leg. *digni*, ut L (col. 992 C) : *Quotquot igitur digni habiti sunt gratia, et concreverunt per suam cardinalem legem.*   3 *Hebr.*, XI, 13 vel 39.

et obtulerunt orationem pro suis membris, quae nos sumus; **16** excla-
mabant et dicebant : « *Numquid resina non est in Galad, aut
medici non sunt ibi? Cur non ascendit sanare filiam populi mei?* [4]
17 *Curabamus eam nos, et non sanata est; nunc ecce relinquamus
et recedamus ab eis* » [5]. **18** Deus autem abundanti caritate venit ad
nos et per sanctos suos dicebat : « *Fili hominis, fac tui ipsius instrumentum captivitatis* » [6]; **19** nam *ille ipse erat imago Dei, non
rapinam aestimavit se ipsum aequare Deo, sed se ipsum humiliavit,
et imaginem servitutis accepit, et oboediens factus est usque ad
mortem et per mortem etiam crucis; propter hoc tribuit ei Deus
nomen quod est superius omnibus nominibus, ut ad nomen Iesu
Christi omne genu flectatur caelestium et terrestrium et inferorum;
omnis lingua confitebitur quia dominus Iesus Christus ad glorificationem Dei Patris* [7]. **20** Nunc igitur, cari, verbum hoc manifestum
sit inter vos quia benignitas Patris *non pepercit propter nos unigenito suo, sed* dedit eum pro nostrum omnium salute, *dedit eum
pro peccatis nostris* [8]; **21** et iniquitates nostrae humiliaverunt eum,
et *vulnere eius nos sanati sumus* [9]; **22** et verbo potentiae suae * congregavit nos ex omnibus regionibus, a termino terrae usque ad
terminum mundi; **23** et fecit resurrectionem intellectuum nostrorum et remissionem peccatorum nostrorum, et docuit nos quia
membra sumus alter alterius. **24** Oro vos, fratres, per nomen domini
nostri Iesu Christi, intelligite magnam hanc dispensationem, quia
similis nobis factus est *praeter peccatum* [10]. **25** Et debet omnis
rationalis intellectus [11], pro quibus [12] salvator venit, iudicare suam
formam et cognoscere intellectum suum et distinctionem dare inter
malum et bonum, ut possint liberari per adventum eius; **26** nam qui
liberati sunt dispensatione eius vocati sunt illi servi Dei, id quod
nondum est perfectio, sed iustitia in suo tempore (perfectio est) et
dux filiationis. **27** Iesus autem salvator noster intellexit quia propinqui sunt hi accipere spiritum filiationis et noverunt eum, nam
edocti sunt a spiritu sancto, et dixit eis : « *Non iam vocabo vos
servos,* sed fratres et *amicos, nam quodcumque docuit me Pater
manifestavi vobis* et docui vos » [13]. **28** Audaces ergo facti sunt
mente, nam noverunt se ipsos et intellectualem suam essentiam,

4 *Ierem.*, VIII, 22.　　5 *Ierem.*, XXVIII, 9 (Vulg. LI, 9).　　6 *Ezech.*, XII, 3.
7 *Philipp.*, II, 6-11.　　8 *Rom.*, VIII, 32.　9 *Is.*, LIII, 5.　　10 Cfr *Hebr.*, IV, 15.
11 Sic; leg. *natura (bonebasa,* non *gonebasa*).　　12 Sic cod.　　13 *Ioh.*, XV, 15.

dederunt vocem et dicebant : « *Etsi noscebamus te olim corporaliter,
nunc non iam* ita te *noscimus* »[14]; **29** et acceperunt filiationis
spiritum, exclamaverunt et dicebant quia « *Non acceptus est* a nobis
spiritus servitutis rursus in timorem, sed acceptus est a nobis
spiritus filiationis, per quem clamamus : Abba, quod est Pater »[15].
30 Nunc, Domine, nobis cognitum est (id) quod tribuisti nobis,
quia *filii* sumus nos et *heredes Dei* et *coheredes Christi*[16]. **31** Hoc
autem verbum manifestum sit vobis, * cari, quia qui non praeparave-   * p. 11
rit sui ipsius progressum, et non in labore fuerit tota potentia,
sciat hic talis quia adventus salvatoris iudicium fiet ei, **32** et *nonnullis in odorem a morte in mortem, et nonnullis in odorem a vita
ad vitam*[17]. **33** Nam *in ruinam stat ille, et in resurrectionem multo-
rum inter Israel, et in signum contradictionis*[18]. **34** Oro vos, cari,
per nomen Iesu Christi, ne neglegatis salutem vestram ipsorum,
sed unusquisque vestrum scindat cor suum et non vestimentum[19],
ne forte forma solum haec nobis induatur in vanum et praeparemus
nobis ipsis iudicium. **35** Nam nunc quidem ecce tempus propin-
quum est in quo agnoscentur uniuscuiusque nostrum opera. **36** De
minutiis autem verborum sunt alia etiam multa scribenda vobis;
sed scriptum est : « *Da occasionem sapienti, et sapientior erit* »[20].
37 Saluto vos omnes per Dominum *a parvo usque ad magnum*[21].
Deus autem pacis custodiat vos omnes, cari. Amen.

EPISTULA ANTONII III
ANTONII EPISTULA III

1 Antonius caros filios, natos israelitas * saluto vos secundum   * p. 12
intelligibilem vestram essentiam; nam non oportet nominare nomina

14 *2 Cor.*, v, 16.   15 *Rom.*, VIII, 15.   16 *Rom.*, VIII, 17.   17 *2 Cor.*,
II, 16.   18 *Luc.*, II, 34.   19 Cfr *Ioel*, II, 13.   20 *Prov.*, IX, 9.   21 Cfr
Act., VIII, 10 etc.

E cod. copt. Neapol. I. B. 1. n° 345 (Zoega CLXXI).

Item Ἀντωνίου ἐπιστολὴ V

1 Antonius scribens dilectis filiis israelitis sanctis secundum
eorum essentiam spiritalem: non oportet nominare nomina vestro-

corporalia vestra, quae transitoria sunt, nam filii estis israelitae.
2 Vere, filii, quia caritas quam habeo erga vos non est caritas corporalis, sed caritas spiritalis [1] Dei culturae. **3** Propter hoc non defatigor rogare Deum meum die ac nocte pro vobis ut possitis cognoscere gratiam quam fecit erga vos; **4** nam non in [2] uno tempore visitationem facit Deus suarum creaturarum, sed ab initio mundi Deus administrat creaturas suas, per generationes singulas [3] expergefacit quemque occasionibus et gratia. **5** Nunc [4], filii, ne neglegatis exclamare die et nocte [5] ad Deum, et cogite benignitatem Patris, et ex hoc tribuet vobis [6] a caelo (eum) qui doceat vos donec noscatis id quod bonum est vobis. **6** Vere, filii, in morte nostra habitantes sumus, et in domo latronis consistentes sumus, et vinculis mortis vincti sumus. **7** Nunc igitur, ne dederitis *somnum oculis* vestris, *neve dormitationem ciliis* vestris [7], ut offeratis vos ipsos victimas Deo omni puritate, quam nemo potest hereditare sine

* p. 13 * puritate. **8** Vere, cari per Dominum, verbum hoc manifestum sit vobis, ut bonum faciatis, **9** quo omnes sanctos quiescere-facietis, et alacritatem dabitis angelorum ministerio [8], et laetitiam quoque Iesu adventui, nam nunquam adhuc requiem habent propter nos usque ad hanc horam; **10** et mihi etiam misero huic, qui consistens sum in lutea hac domo, dabitis laetitiam animae meae. **11** Vere, filii, quia aegritudo haec nostra et humiliatio haec [9] nostra dolor est omnibus sanctis, et lacrimant et ingemiscunt pro nobis coram omnium creatore; **12** et propter hoc omnium Deus irascitur super mala opera nostra propter gemitus sanctorum. **13** Rursus noster progressus et iustitia alacritatem dat populo sanctorum, et faciunt precem multam et laetitiam cum gaudio coram creatore nostro; **14** et ille ipse omnium creator laetatur super opera nostra [10] testimonio sanctorum suorum [11], et concedit nobis dona immensa. **15** Ut ergo sciatis quia Deus semper [12] amat suas creaturas, nam essentia est immortalis, non dissolvenda cum corporibus, **16** vidit intellectualem natu-

---

1 *spiritalis* om. B.   2 *in* om. B.   3 Litt. *in generationem in generationem.*
4 *Nunc* om. B.   5 *die et nocte* post *Deum* B.   6 B add. *auxilium.*   7 Cfr *Ps.*
CXXXI, 4.   8 *concilio* B.   9 *haec* om. B.   10 *super bona opera* B.
11 *suorum* om. B.   12 *semper Deus* B.

---

rum corporum, quae transibunt, nam filii estis israelitae. **2** Vere, filii mei, caritas [...

ram quia in abyssum descendit mortua omnino perfecte, et testamenti lex exaruit. **17** Deus [13] autem sua benignitate huius visitationem fecit per Mosem ; **18** Moses vero fundavit domum veritatis, * et deside- * p. 14 ravit sanare magnum vulnus, et volebat illos convertere ad primam
5 unionem, et non potuit, et recessit ab eis. **19** Deinde rursus concilium prophetarum aedificabat super [14] fundamentum Mosis, et non potuit sanare magnum vulnus membrorum suorum, et viderunt quia potentia sua cessavit. **20** Deinde rursus omnium sanctorum populi congregati sunt unā et orationem obtulerunt coram creatore
10 suo [15] et dicebant : **21** « *Numquid resina non est in Galad* [16]*, aut medicus non est ibi? Cur non ascendit* [17] *curare filiam populi mei?* [18] **22** *Domine, curabamus Babylonem et non sanata est; nunc relinquamus* [19] *eam et fugiamus ab ea* » [20]. **23** Et ut rogabant omnes sancti benignitatem Patris de unigenito eius, <quia> nisi venerit
15 ille [21] huc, nulla ex creaturis potens est sanare magnum vulnus [22] hominum, **24** propter hanc gratiam [23] Pater sua benignitate vocem dedit et dixit : « *Fili hominis, fac tui ipsius instrumentum captivitatis, et transmigra sponte* » [24]. **25** Pater *non pepercit unigenito suo pro nostrum omnium* salute, *tradidit eum* pro peccatis nostris [25],
20 **26** nam iniquitates nostrae humiliaverunt (eum) [26] et *vulnere eius nos* omnes *sanati sumus* [27] **27** et [28] congregavit nos a termino mundi ad terminum mundi [29], **28** et fecit [30] resurrectionem intellectuum nostrorum a terra, * et docuit nos quia alter alterius membra sumus. * p. 15 **29** Attendite, filii, ne verbum Pauli super nos perficiatur quia
25 « *Habebimus* solum *formam* Dei culturae, et virtutem eius *negabimus* » [31]. **30** Nunc unusquisque vestrum scindat cor suum [32] et fleat coram eo et dicat : « *Quid reddam ego* [33] *Domino pro omni quod dedit mihi bonum?* » [34]. **31** Timeo rursus, filii, ne verbum super nos perficiatur quia « *Quae utilitas est ex sanguinibus meis si*
30 *descendero in corruptionem?* » [35]. **32** Vere, filii, *sicut sapientibus*

---

[13] *Deus* om. B.   [14] *super* om. B.   [15] *nostro* B.   [16] *Galaad* B. [17] B add. *illuc.*   [18] *Ierem.*, VIII, 22.   [19] *relinquamus nunc* B.   [20] *Ierem.*, XXVIII, 9 (Vulg. LI, 9).   [21] *ille venerit* B.   [22] *magnum hoc vulnus* B. [23] Sic, cfr L *huius rei causa* (col. 995 B); gr. τούτου χάριν ?   [24] *Ezech.*, XII, 3.   [25] *Rom.*, VIII, 32.   [26] *eum humiliaverunt* B.   [27] *Is.*, LIII, 5. [28] *et* om. B.   [29] *ad terminum eius* B.   [30] *fecit* om. B.   [31] *Rom.*, II, 20; *Tit.*, I, 16?   [32] Cfr *Ioel*, II, 13.   [33] *ego* om. B.   [34] *Ps.* CXV, 12. [35] *Ps.* XXIX, 10.

colloquor vobis [36], ut cognoscatis quod dico vobis; et hoc testificor vobis [37] : **33** nisi unusquisque vestrum [38] oderit omnem naturam terrenae [39] possessionis, et renuntiaverit ei et omnibus operibus eius toto corde, et [40] extenderit manus cordis sui ad caelum ad Patrem omnium, non potest salvari. **34** Si quod primo dixi fecerit, misere- bitur eius Deus propter laborem eius [41], et concedet ei invisibilem ignem, et comburet omnes impuritates ab eo, et purificabitur spiri- tus [42] principatus nostri; **35** et tum spiritus sanctus habitabit nobis- cum et Iesus nobiscum consistens erit, et sic poterimus adorare Deum sicut oportet. **36** Quamdiu autem pacem habebimus cum mundi naturis, * inimici sumus Dei et angelorum eius et omnium sanctorum eius. **37** Nunc autem, cari, oro vos per nomen domini nostri Iesu Christi, ut non neglegatis salutem vestram [43], neve confundat par- vum hoc tempus interminabile [44] tempus, neve pellis corporis cor- ruptibilis confundat regnum luminis ineffabilis, neve locus poena- dignus perdat thronos iudicii angelicos [45]. **38** Vere, filii [46], cor meum miratur et anima mea perterrita est, quia nos omnes delectamur sicut ebrii ex musto, **39** nam unusquisque nostrum vendidit seipsum per voluntatem suam, et dominati sumus nos in ea, nec volumus elevare oculos nostros ad caelum, ut quaeramus caeli gloriam et omnium sanctorum opus et in vestigio illorum ire [47]. **40** Nunc igitur intelligite quia caeli sancti vel angeli vel archangeli vel throni vel dominationes vel cherubim vel seraphim vel sol vel luna vel stellae vel patriarchae [48] vel prophetae vel apostoli vel diabolus vel Satanas vel spiritūs mali vel princeps aeris, et, ne multum dicamus [49], vel vir vel femina ab initio creationis suae ex uno sunt omnes [50], solum excepta perfecta [51] et beata Trinitate Patris et Filii et Spiritus Sancti; **41** et ex quorumdam malis [52] conversationibus, necesse fuit Deo eis * nomen imponere secundum opera eorum; **42** qui autem magis profecerunt, dedit eis abundantem gloriam.

* p. 16

* p. 17

---

36 1 *Cor.*, x, 15.   37 *et hoc testificor vobis* om. B.   38 *ex vobis* B.
39 Litt. *ex humo.*   40 *et* sup. lin. B.   41 *eius* om. B.   42 *purificabit spiritum* B.   43 *vestram ipsorum* B.   44 *interminabilem vitam* B.
45 *angelorum* B.   46 B add. *mei.*   47 *et in vestigio illorum ire* om. B.
48 *vel patriarchae* om. B.   49 *dicam* B.   50 *omnes* om. B.   51 *spiritus* B.
52 *male* B.

ANTONII IV

ANTONII EPISTULA QUARTA

1 Antonius omnibus caris fratribus qui estis ex parte Arsinoitis et in vicinitate eius et eis (qui) vobiscum (sunt), per Dominum salutem [1]. **2** Vos omnes qui praeparavistis vos ipsos ire ad Deum saluto per Dominum, cari, *a parvo usque ad magnum* [2], a viro usque ad feminam, filios israelitas sanctos secundum intellectum vestrae essentiae. **3** Vere, filii, magna beatitudo vobis facta est, quia magna gratia imposita fuit vobis in ista vestra generatione; **4** convenit igitur vobis, propter illum qui visitationem fecit vobis, ut non fatigemini, qui in pugna estis, donec offeratis vos ipsos victimas Deo omni puritate, sine qua nemo potest hereditare. **5** Vere, cari, magnum est hoc vobis ut interrogetis de intelligentia ⌐de intellectuali essentia [3], in qua non est vir nec femina, sed essentia est immortalis, quae initium habet, finem autem nunquam. **6** Oportet noscere de ea quomodo omnino [4] ceciderit in tantam humilitatem et magnam ignominiam, quae super nos omnes advenit; quia essentia est immortalis, non dissolvenda cum corpore. **7** Propter hoc Deus vidit huius vulnus, quod incurabile erat, et * quia magnum-factum-est valde; **8** clementia sua visitationem eorum fecit, sua benignitate post tempora legem tradidit eis et auxilium dedit eis per Mosem ad tradendam eis legem. **9** Et Moses fundavit eis domum veritatis et volebat sanare magnum hoc vulnus, et non potuit perficere domus aedificationem. **10** Deinde rursus omnia concilia sanctorum congregata sunt unā, et rogabant Patris benignitatem de salvatore nostro ut veniret ad nos pro salute nostrum omnium, **11** quia ille est magnus et fidelis archipresbyter noster et verus medicus, qui potens est sanare magnum vulnus. **12** Propter hoc voluntate Patris minuit se ipsum a gloria sua; *Deus erat et formam servitutis accepit* [5] **13** et dedit <se> ipsum pro peccatīs nostris; et peccata nostra illum humiliaverunt, sed *vulnere eius nos* omnes *sanati sumus* [6]. **14** Propter hoc, cari filii mei per Dominum, scire vos volo quia propter nostram stultitiam formam stultitiae accepit,

* p. 18

---

[1] Litt. *gaudium.*   [2] Cfr *Act.*, VIII, 10 etc.   [3] Leg. *spiritualis essentiae.*
[4] Litt. *cum omni.*   [5] *Philipp.*, II, 6-7.   [6] *Is.*, LIII, 5.

et propter nostram infirmitatem formam infirmitatis accepit, et
propter nostram paupertatem formam paupertatis accepit, et propter nostram mortem formam mortalis induit, et in hoc omni sustinuit
propter nos. **15** Vere, cari per Dominum, oportet ut non demus
oculis nostris *somnum, nec dormitationem ciliis* nostris [7], **16** ut oremus   5
et cogamus benignitatem Patris, donec nobiscum egrediatur et per
hoc requiem demus adventui Iesu, et potentiam sanctorum ministerio qui operantur nobis in terra tempore neglegentiae nostrae,
et studium demus eis ad adiuvandum nos tempore tribulationis
nostrae; tum qui seminabit et qui metet laetabuntur. **17** Scire vos   10
* p. 19 volo, filii, multum * moerorem meum quem habeo pro vobis, nam
aspicio magnam ignominiam advenientem super nos omnes, **18** et
considero multum laborem sanctorum et gemitum eorum quem emit-
tunt semper pro nobis coram Deo, **19** quia vident omnem laborem
sui creatoris, et vident mala consilia omnia diaboli et ministrorum   15
eius, quod [8] malum meditantur de nostra perditione semper **20** quia
pars eorum in inferno futura est, et propter hoc volunt nostram
perditionem secum ut simus cum multitudine. **21** Vere, cari per
Dominum, *sicut sapientibus loquor vobis* [9], ut cognoscatis omnem
dispensationem creatoris nostri, quae facta est pro nobis, quae   20
visitationem nostram facit [10] per manifestas et occultas praedicatio-
nes; **22** nam nos sumus quos (homines) dicunt rationales, et induimus intellectum irrationalum. **23** Aut vos non noscitis multas
machinationes et artes diaboli quales sint, quia exinde invident
nobis **24** ex quo noverunt illi quia conati sumus noscere ignominiam   25
nostram et quia quaesivimus modum fugiendi ab operibus eorum
quae [11] faciunt nobiscum, **25** et non solum ad oboediendum [12] malis
consiliis eorum quae seminant inter nos ut habeamus [13], sed multi
etiam ex nobis irrident eorum machinationibus, **26** et illi noscunt
indulgentiam creatoris nostri, quia hic mors factus est eis in hoc   30
munde, et pro eis praeparavit hereditare gehennam propter eorum
neglegentiam. **27** Scire vos volo, filii, quia non desino orare ad
* p. 20 Deum pro vobis nocte et die, **28** ut aperiat * vobis Deus oculos cordis
vestri ut videatis vos multas occultas malitias eorum quas de die

---

7 Cfr *Ps.* cxxxi, 4.   8 Adiect. relativ.   9 1 *Cor.*, x, 15.   10 G *quae faciunt*;
dispensationem etc. in plurali forma esse debent; cfr L *dispensationes pro nobis
factas* (col. 982 D).   11 Litt. *quod.*   12 Leg. *ad non oboediendum*; cfr L
ut non oboediamus (col. 982-983).   13 Litt. *ut nobis sit* (sing.!).

in diem immittunt super nos in hodierno [14] hoc tempore. **29** Volo
ut Deus det vobis cor scientiae et spiritum discretionis, ut possitis
offerre corda vestra victimas puras coram Patre multa cum puritate, immaculate. **30** Vere, filii, invident nobis omni tempore suo
5   malo consilio, et occulta persecutione, et sua minuta malitia, et
spiritibus seductionis, **31** et blasphemia cogitationis, et ab eis inter
nos seminatis infidelitatibus in cordibus nostris, et admirationibus
et stuporibus **32** et doloribus multis quos immittunt super nos omni
hora, et animi defectionibus per quas de die in diem faciunt nos
10   animo deficientes, **33** et omnibus iracundiis suis et maledictionibus
quas [15] docent nos in invicem, **34** et iustificatione nostri ipsorum
quam facimus * nos, et condemnatione in invicem quam nobis semi-   * p. 21
nant illi in mentibus nostris; **35** et cum sumus etiam seorsim,
iudicare ⌈nos faciunt [16] proximum nostrum, (eos) qui non sunt
15   nobiscum, **36** et contemptum deiciunt cordibus nostris per superbiam, nam ex eis corde duri fimus, et alterutrum contemnebamus,
et amaritudinem habemus in invicem cum duritia his verbis nostris,

---

[14] Adiect. ab *ac* « nunc » derivatum.   [15] Litt. *per quas.*   [16] Litt. *nobis dant.*

Ex epistula Besae ad Herai, Br. Mus., Or. 8810, fol. 72rb-73vb (nn. 35-38
iterum citantur in epistula eiusdem ad Antinoem, ibid., fol. 68ra-va :
huius citationis varias lectiones inter uncos [ ] indicamus).

   Ita etiam dixit senex bonus apa Antonius quia **30** « Vere, filii
mei, invident nobis omni tempore suo consilio malo, et sua persecu-
20   tione occulta, et suis malitiis subtilibus, et suis spiritibus qui sunt
seductores, **31** et suis cogitationibus blasphemiae, et suis infidelitatibus quas seminant in cor nostrum quotidie, et suis caecitatibus
cordis, et suis stuporibus, **32** et suis doloribus multis quos ferunt
super nos in omni hora, et suis animi-defectionibus per quas faciunt
25   cor nostrum deficere quotidie, **33** et omnibus suis iracundiis, et
suis maledictionibus quas docent nos in invicem, **34** et sua iustificatione ipsorum in eo quod faciunt, ac suo iudicio * quod iniciunt in   * p. 21
cor nostrum; **35** atque cum sedemus soli faciunt nos iudicare socios
nostros (*id est* alterutrum), etiam non consistentes apud nos,
30   **36** et suis contemptibus ⌈quos dant [quos iniciunt] in cor nostrum
superbiā, cum sumus duri corde et contemnimus alterutrum, cum

et dolorem habemus in omni hora, et accusabamus alter utrum et
non nos ipsos, **37** cogitabamus laborem nostrum ex proximo esse, et
iudices sumus manifestorum, et omnino latro inter nos in domo
nostra habitans est, **38** et in contentionibus et divisionibus in invicem
invenimur, donec verba nostra confirmemus ut appareamus coram   5
nobis iusti; **39** et studiosos nos faciunt operi quod non potentes
sumus facere, et impediunt nos ab eo super quod sumus et quod

*p. 22   utile est nobis. **40** Propter hoc ridere-faciunt * nos tempore fletus et
flere-faciunt nos tempore risus, et ⌜omnino cum omni[17] divertunt
nos a via munda, et multis aliis deceptionibus per quas asservierunt   10
nos sibi ipsis, de quibus nunc non est tempus manifestare totum.
41 Quando igitur implent corda nostra his omnibus, et in eis pasci-
mur et fiunt nobis cibus, tum Deus indulget nobis donec cesset
nostra malitia, **42** et tum etiam visitationem facit nobis ad rursus
convertendos nos a gravi hoc corpore nostro et ad relinquendum   15
illud, **43** et tum mala opera nostra quae nos faciebamus male nobis
m... ⸗stabuntur in corpore ut torqueatur contemptim, et rursus
ind. ır hoc per Dei indulgentiam, et tum *fiet* nobis *posterius*
peï ̇ riore[18]. **4** Ex hoc ne cessaveritis orare ad benignitatem

[17] Sic; = copt. ⲋⲀⲡⲀⲌ ⲋⲀⲡⲖⲰⲤ.   [18] Cfr *Luc.*, XI, 26.

---

sumus superbi in invicem nostro verbo duro, dolentes in omni hora,   20
accusantes alterutrum et non nos ipsos, **37** cogitantes quia labor est
nobis ex ⌜sociis vestris [sociis nostris], cum sumus iudices eorum
quae manifestantur, cum latro totus sit intra domum, **38** et contentionibus et divisionibus ⌜pugnantes [per quas pugnamus] in
invicem, donec statuamus verbum nostrum ut appareamus iustifi-   25
cati coram facie sociorum; **39** studium dant nobis ad opera quae
non possumus facere, et cum tempus quidem non est faciunt nos
animo-deficere in id in quo sumus et quod utile est nobis. **40** Propter
hoc quidem faciunt nos ridere in tempore fletus et faciunt nos

*p. 22   * flere in tempore risus; (ut) semel (et) simpliciter (dicam), diver-   30
tunt nos in omni tempore a via recta, et multis aliis deceptionibus
per quas faciunt nos servos sibi, quas non tempus est nunc manifestare omnes. **41** Quando autem implent cor nostrum illis et pasci-
mur in eis et fiunt nobis cibus, tum Deus irascitur nobis. **44** Propter
hoc ne deficiatis orare bonitatem Patris : forsan auxilium ab eo   35

Patris, ut nobiscum exeat auxilium eius et doceat vos quod melius vobis erit. **45** Vere dico vobis, filii, quia vas hoc nostrum, in quo habitamus nos, est hoc nobis perditio et domus plena bello. **46** In veritate, filii, dico vobis quia omni homini qui oblectatus erit in
5 voluntate sua, et prostratus erit suis cogitationibus, et * suscipiet * p. 23 (ea quae) seminata (sunt) in corde suo, et congaudebit eis, et exspectabit corde quia magnum quoddam sunt illa electum mysterium, et cum eo rursus iustificabit seipsum quod facit, **47** talis (hominis) anima est aer [19] malorum spirituum et consiliatrix eius ad malum,
10 et per corpus [20] custodia malorum mysteriorum quae in se ipso occultat; **48** et possunt in hunc talem diaboli valde, quia non dehonestavit eum [21] coram omnibus. **49** Aut vos non scitis quia non uniformem venationem habent, ut hanc noscamus et fugiamus ab ea? **50** Si quaesieris, non invenies peccatum eorum et iniquitatem
15 revelatam corporaliter, quia non sunt corporaliter visibiles, **51** sed ut noscatis quia nos sumus eis corpora, et anima nostra recipit eorum malitiam, nam quando recipiet eos, tum manifeste adducit [22] eos per corpus in quo consistentes sumus. **52** Nunc autem, filii, ne demus eis locum; alioquin, iram Dei suscitabimus super nos, **53** et
20 illi abibunt in domum suam et irridebunt nobis, nam hoc noscunt quia perditio nostra ex proximo est et rursus vita nostra ex proximo. **54** Quis unquam Deum vidit, et laetabitur cum eo, et retinebit eum secum ut non aufugiat eum, sed adiuvet eum consistentem in tanta gravitate? **55** Aut quis unquam diabolum vidit in pugna eius contra
25 nos, et dum prohibet nos bonum facere et aggreditur nos, et cum stat ille in loco corporali, ut eum timeamus et fugiamus ab eo? Nam illi sunt secreto, et nos manifestamus eos * ex operibus. **56** Etenim, * p. 24 ex una sunt illi omnes cognoscibili [23] essentia [24]; et ex fuga eorum a Deo multa diversitas facta est inter eos propter varietatem opera-
30 tionis eorum; **57** propter hoc etiam omnia haec nomina imposita

[19] Sic cod. (*aer*); Ar. *habitaculum* (col. 1013 A); L *coexsistit* (col. 984 A). [20] Leg. *corpus quoque*, ut L (col. 984 A)? [21] Sic G; leg. *eos*, ut L (col. 984 B). [22] Sic G; L *punit* (col. 984 B). [23] Litt. *ex cognitione*. [24] Leg. *secundum ex cognitione* (= *cognoscibilem*) *essentiam*? Cfr L *secundum sensualem exstantiam* (col. 984 C).

exibit vobiscum ut doceatis vos (ipsos) cognoscere quod oportet in veritate.

sunt eis propter unamquamque operationem eorum; **58** propter
hoc quidam ex eis vocati sunt archangeli, et quidam throni et dominationes, principatus et potestates et cherubim; **59** haec nomina
vocata sunt eis ex eo quia creatoris sui voluntatem observaverunt.
60 Rursus e malo aliorum gressu[25] necesse fuit nominare eos 5
propter malum gressum eorum calumniatorem et Satanam, et alios
rursus daemones, et spiritus malos et impuros, et spiritus seductores, et principes huius mundi; et aliae multae varietates sunt
inter eos. **61** Et rursus occursus[26] sunt in hac gravitate corporis,
in qua[27] habitantes sumus; vocati sunt nonnulli ex illis patriarchae 10
et quidam prophetae et reges et sacerdotes et iudices et apostoli, et
alii multi electi facti sunt per suum bonum gressum; **62** haec omnia
nomina vocata sunt eis sive viro sive feminae secundum eorum
diversum operum eorum principatum; nam ex uno sunt omnes.
63 Propter hoc igitur qui peccabit erga proximum, erga se ipsum 15
peccat, et qui malum facit proximo, sibi ipsi malum facit; item
qui bonum facit proximo, sibi ipsi bonum facit. **64** Sin vero, quis
potens est erga Deum malum facere, aut quis est qui noceret ei, aut
* p. 25 * quis est qui quiescere-faceret eum, aut quis unquam ministraret ei,
65 aut quis unquam benediceret eum, ut necessaria esset ei benedic- 20
tio eius, aut quis potens est honorare eum ut est honorabilis, aut
quis potens est exaltare eum ut est altus? **66** Propter hoc igitur,
donec sumus adhuc induti gravi hoc corpore, expergefaciamus in
nobis ipsis Deum invitatione mutua, **67** et tradamus nos ipsos ad
mortem pro animabus nostris et alter pro altero, et hoc cum feceri- 25
mus revelabimus nostrae ipsorum misericordiae essentiam. **68** Ne
simus ipsorum amatores, ut non inconstantis potentiae eorum pars
fiamus. **69** Nam qui se ipsum intellexit, ille omnes noscit; propter hoc etiam scriptum est : « Qui vocavit ex non-esse *ut essent
omnia* »[28]; **70** et hoc cum dicunt, docent de intellectuali eorum 30
natura, quae abscondita est corruptionis in hoc corpore, quae non
erat ei ab initio, quae vocanda futura est ab eo. **71** Qui autem
potuit se ipsum amare omnes[29] amat. **72** Cari filii mei, oro vos ne
labor vobis sit, neve vos taedeat caritatis mutuae. **73** Tollite[30] corpus vestrum quo induti estis, et hoc facite altare, et deponite super 35

---

[25] Litt. *ire*, ut et infra n. 60 et 61.   [26] Sic; L *et qui obviaverunt illis*
(col. 984 D).   [27] Sic.   [28] *Sap.*, 1, 14.   [29] Litt. *omnem*.   [30] Cod. *aperite*;
cfr L *tollite* (col. 985 B).

illud omnes cogitationes vestras et omne consilium malum relinquite coram Domino, **74** et *extollite manus* cordis *vestri* ad eum [31], id est intellectum factorem, et precamini Deum ut concedat vobis suum invisibilem *ignem* magnum, **75** ut de caelo descendat inter vos et
5 *comedat altare* et omnia (quae sunt) super illud, **76** et omnes *sacerdotes Baal,* qui sunt inimici * adversa opera, timeant et fugiant a * p. 26
facie vestra sicut a facie Eliae prophetae [32]. **77** Et tum videbitis sicut vestigium hominis super mare quod adducet ad vos spiritalem imbrem, qui est consolatoris spiritus consolatio. **78** Cari filii mei
10 per Dominum, nati israelitae, non necesse est beatificare vel nominare corporalia nomina vestra, quae transitoria sunt, **79** nam non ignari estis caritatis quam habeo erga vos, quia non est corporalis caritas, sed spiritalis Dei culturae caritas. **80** Per hoc rursus confidens sum quia beatitudo magna est pro vobis quia conati estis
15 noscere vestram ipsorum ignominiam et confirmare essentiam invisibilem quae non transitoria est cum corpore. **81** Ex hoc puto quia beatitudo vestra hoc tempore facta est. **82** Verbum igitur hoc manifestum sit vobis, ut non putetis vos progressum et ingressum in culturam Dei quasi vestrum fuisse opus, sed esse quamdam divinam
20 potentiam quae adiuvat vos semper; **83** contendentes [33] estote vos ipsos offerre victimam ad Deum semper, et studium date adiuvanti vos potentiae, et requiem Dei adventui et omni concilio sanctorum, et mihi quoque misero huic, qui consistens sum in luti hoc corpore et tenebrarum; **84** nam ideo hoc dico vobis et requiem do vobis,
25 et oro, quia creati sumus nos omnes (ut) una essentia invisibilis et (ut) initium sine fine [34]; nam qui noverunt se ipsos, hi noverunt quia essentiae unitatis sunt immortales. **85** Cognoscere vos volo * hoc * p. 27
quia Iesus Christus dominus noster ipse est verus intellectus Patris, ex quo omnis plenitudo omnis rationalis naturae facta est ad ima-
30 ginem eius imaginis, quia ille ipse est caput omnis creaturae et corporis ecclesiae; **86** propter hoc igitur nos omnes *membra* sumus alter alterius *et corpus Christi* [35], et *non potest caput dicere pedibus quia : non necessarii estis mihi, et si patitur unum membrum* totum corpus cum eo movebitur et *patitur* [36]; **87** itaque alienum factum
35 membrum a corpore, cui non est communicatio cum capite, sed

---

[31] Cfr *Ps.* cxxxiii, 2.   [32] Cfr 1 *Reg.,* xviii, 38-40.   [33] Litt. *honoris amici* (= gr. φιλοτιμούμενοι?); cfr 2 *Cor.,* v, 9.   [34] Deest *ut... unice diligamus alterutrum* (L, col. 986 A).   [35] 1 *Cor.,* xii, 27.   [36] 1 *Cor.,* xii, 21, 26.

(quod) delectant eius passiones corporis, ex hoc vulnus suum incurabile habet, et oblitum est initium et finem. **88** Et propter hoc pater creaturarum misericors factus est nostro huic vulneri quod non poterat sanari a nulla ex creaturis nisi benignitate Patris; **89** et emisit nobis suum unigenitum, qui propter nostram servitutem *formam servitutis accepit* [37] **90** et tradidit se ipsum pro peccatis nostris, nam iniquitates nostrae humiliaverunt eum, sed *vulnere eius nos omnes sanati sumus* [38]; **91** et congregavit nos ex omnibus regionibus, donec resurrectionem cordium nostrorum e terra faceret et doceret nos quia essentiae sumus unae nos omnes et alter alterius membra. **92** Propter hoc igitur debemus invicem diligere valde, nam qui diliget proximum suum is Deum diligit; qui autem diliget Deum is animam suam diligit. **93** Verbum hoc manifestum sit vobis, cari filii mei per Dominum, nati israelitae sancti, et praeparate vos ipsos ire ad Dominum et * offerre vos ipsos victimas Deo omni puritate, quam nemo potest hereditare sine puritate. **94** Aut vos non scitisne, cari, quia inimici virtutis malum meditantur semper veritati? **95** Propter hoc etiam, cari, attendite et ne dederitis *somnum oculis* vestris *neve dormitationem ciliis* vestris [39]; **96** clamate ad vestrum creatorem die et nocte ut egrediatur ad vos auxilium ab excelso et circumdet corda vestra et cogitationes per Christum. **97** Vere, filii, in domo latronis consistentes sumus et vinculis mortis sumus nos vincti. **98** Vere dico vobis quia nostra haec neglegentia et humiliatio et extraneos esse nos a virtute non solum nobis damnum est, sed angelis etiam labor est et omnibus sanctis Christi, nam nondum unquam adhuc requieverunt propter nos. **99** Vere, filii, quia humiliatio haec nostra tristitia est eis omnibus, et rursus salus

p. 28 (margin)

[37] *Philipp.*, II, 7.   [38] *Is.*, LIII, 5.   [39] Cfr *Ps.* CXXXI, 4.

Ex epistula Besae ad Herai, Br. Mus., Or. 8810, fol. 71rb-vb.

In hoc enim dixit pater noster sanctus apa Antonius, qui cognoscit malitias inimici qui odit eos qui amant Deum, qui progressi sunt ad eum toto corde suo, quia **98** « Vere, cari mei, nostra neglegentia et nostra humiliatio et nostra deviatio non erant nobis damnum solis, sed angelis etiam erant labor et sanctis omnibus in Christo Iesu. **99** Vere etiam, filii mei, nostra humiliatio dat dolorem eis omnibus; rursus etiam nostra salus et nostra gloriatio dat laetitiam

nostra et gloriatio laetitiam dat eis omnibus; **100** et scitote quia
benignitas Patris non cessat, ex quo mota est, benefacere nobis
semper usque ad hodiernum * diem, ut non debitores faciat nos nos-   * p. 29
trum ipsorum mortis. **101** Et quia autonomi [40] creati sumus, propter
5 hoc quaerunt nos daemones semper; propter hoc scriptum est :
« Castra posuit [41] *angelus Domini circa timentes eum et liberabit*
eos » [42]. **102** Nunc, filii, scire vos volo, ex quo motus hic fuit usque
adhuc, omnes quicumque externi facti sunt e virtute et perfecerunt
malitias eorum ut filii diaboli computati sunt; **103** et nunc quidem
10 (illi) qui ex eis (sunt) noverunt, et propter hoc etiam conati sunt
facere unumquemque nostrum secundum voluntatem suam. **104** Nam
hoc sciunt quia a caelo decidit diabolus per superbiam; propter hoc
etiam, qui pervenerunt ad magnam mensuram abundantem, hi
aggrediuntur eos primo, quia artifices sunt per superbiam et iac-
15 tantiam in invicem; **105** sciunt quia separaverunt nos a Deo per
hunc ordinem; quia sciunt quod qui diliget proximum ille Deum
diligit, propter hoc inimici virtutis seminant suum fontem divisio-
nis in corda nostra ut inveniamus nos inimicitiam magnam in invicem, ut ne de longe quidem colloquamur proximo omnino. **106** Vere,
20 filii, scire vos volo quia alii etiam quidam sunt multi qui laborem
secuti sunt in vita sua, et ignorantia eorum interfecit eos. **107** Vere,
filii, puto quia non est magnopere mirandum hoc, si neglegemus nos
ipsos et non discernemus opera nostra, ut incidatis vos in magnam
mensuram diaboli, si putaveritis proximos esse * vos Deo, et in exspec-   * p. 30
25 tatione vestra lucis tenebrae accident vobis. **108** Propter hoc omnino
opus est Iesu ut cingatis vos ipsos panno et lavetis pedes inferiorum;
109 sed exemplum hoc ideo fecit ut doceret conversos suum ipsorum
initium primum; nam initium motus superbia est, quae facta est
primo. **110** Propter hoc etiam si non $<...>$ [43] multa humilitate

---

[40] Litt. *auto-potentes.*   [41] Litt. « est campé ».   [42] *Ps.* XXXIII, 8.
[43] Lacuna in sensu; cfr L *Et ne si rursus post multa confoderis* (col. 987 C),
Ar. *Nisi ergo ingens in homine exstiterit humilitas* (col. 1015 B).

---

30 et dat requiem eis omnibus. * **101** Propter hoc quidem quaerunt nos   * p. 29
in omni tempore, sicut scriptum est quia *Angelus Domini quaerit*
eos qui timent eum et liberat eos [1] ».

[1] *Ps.* XXXIII, 8.

toto corde vestro et tota mente vestra et tota anima vestra et toto corpore vestro, non potestis hereditare regnum Dei. **111** Vere, filii mei per Dominum, rogo creatorem meum die et nocte, a quo habeo spiritum eius ut depositum, ut aperiat vobis oculos cordis vestri ut cognoscatis caritatem hanc meam quam habeo erga vos, **112** et aperiantur aures cordis vestri ut videatis vos ignominiam vestram; **113** nam qui intelligit suum dedecus, iste talis rursus quaerit suam electam gratiam; et qui intelligit suam mortem, ille rursus intelligit suam aeternam vitam. **114** *Sicut sapientibus colloquor* vobis [44], filii mei; vere timeo ne fames attingat vos super viam et in loco quo opus erit nobis divites fieri. **115** Volebam videre vos facie ad faciem per corpus, sed exspecto tempus prope in quo poterimus nos ipsos facie alterutrum videre, quando *transibit dolor* et tristitia *et gemitūs,* quando *gaudium* erit *super caput* omnium [45]. **116** Sunt alia etiam multa quae volebam narrare, sed *si dederis sapienti occasionem* sapientiae, * *sapientior erit* [46]. **117** Saluto vos omnes desideratos filios meos nominatim.

* p. 31

EPISTULA EIUSDEM ANTONII QUINTA V

1 *Scitote,* filii, *gratiam domini nostri Iesu Christi, quia propter nos pauper factus est (cum) dives (esset) ut nos per eius paupertatem divites-fieremus* [1]. **2** Ecce per servitutem suam liberavit nos, et infirmitas eius confortavit nos, et stultitia eius sapientes-fecit nos. **3** Deinde rursus morte sua resurrectionem nostram faciet et ex hoc poterimus nos elevare voce alta [2] et dicere : « *Etsi noscebamus Christum corporaliter, deinceps non iam* ita *noscimus,* sed *creatura* est *nova per Christum* » [3]. **4** Vere, cari per Dominum, dico vobis quia secundum minutiam verbi libertatis qua omnes liberati sumus, habeo alia etiam multa dicenda ad vos, sed non est tempus ea nunc narrare vobis. **5** Nunc saluto vos omnes, cari filii mei per Dominum, nati israelitae sancti secundum intellectualem vestram essentiam. **6** Vere convenit vobis, qui appropinquavistis

44 Cfr 1 *Cor.,* x, 15.   45 Cfr *Is.,* xxxv, 10.   46 Cfr *Prov.,* ix, 9.
1 2 *Cor.,* viii, 9.   2 Sic (instr.); L *vocem magnam elevare* (col. 988 A).
3 2 *Cor.,* v, 16-17.

creatori vestro, quaerere salutem animarum vestrarum testamenti ex lege, **7** sed per multitudinem malitiae et malignitatem commotionis [4] et cupiditatem passionum exaruit promissum [5] et sensus animae nostrae perierunt; **8** propter hoc non potuerunt animadvertere intel-
5 lectualem gloriosam essentiam per mortem in quam * corruimus. * p. 32
9 Propter hoc scriptum est in divinis libris quia « *Sicut per Adamum omnes moriuntur, ita etiam per Christum omnes vivificantur* » [6]. **10** Nunc ergo ille est vita omnis rationalis intellectus in (rebus) creatis ab eo ad imaginem sui ipsius imaginis, quia ipse est
10 intellectus verus Patris, et quia imago Patris immutabilis [7] est; **11** in creaturis autem ad imaginem eius factis essentia est mutabilis [8], cum-accidit nobis malum [9] in quo omnes interiimus et extra naturam [10] sumus intellectualis essentiae. **12** Propter hoc etiam igitur per omnia (quae) extra naturam (sunt) acquisivimus domum
15 tenebrosam plenam bello. **13** Et hoc testificor vobis quia omnis virtutis scientia deficiebat a nobis; **14** propter hoc vidit Pater noster Deus nostram infirmitatem, quia non tales facti sumus ut induamus veritatem recte, **15** propter hoc sua benignitate venit visitationem facere suarum creaturarum ministerio sanctorum. **16** Oro vos
20 omnes per Dominum, cari, ut intelligatis quod scribo vobis, quia non caritatem corporalem habeo erga vos, sed caritatem spiritalem Dei culturae. **17** Praeparate vos ipsos ire ad creatorem vestrum, et *scindite corda vestra, et non* vestimentum vestrum [11]; **18** et scitote quid possimus [12] dare Domino pro omni gratia quam dedit
25 nobis usque ad hic habitationem nostram et humiliationem; **19** memoriam nostri facit magna benignitate sua et sua incomprehensibili caritate, et non reddidit nobis pro peccatis nostris, **20** sed (ita benignus fuit) ut et solem ministrum faceret nobis [13] in tenebrosa hac * domo, et lunam et stellas omnes ministros fecit nobis, vanitate * p. 33
30 periturum [14] propter corporum confirmationem; **21** et aliae etiam

---

4 Sic (*mimotac^eba*); L *propter... malignitatis distinctionem* (col. 988 B) (leg. *districtionem?*).   5 Sic (*agt^k^omoli*); L *testamentaria illa lex* (col. 988 B).   6 1 *Cor.*, xv, 22.   7 Litt. *inversabilis*.   8 Litt. *versabilis*. 9 Litt. *per eventum ad nos mali*.   10 Cod. *extra intellectum* (*gonebasa*, leg. *bonebasa*).   11 Cfr *Ioel*, ii, 13.   12 Litt. *quia : quid possumus?*, vel *quia aliquid possumus*.   13 Litt. *usque ad solem etiam faciendum*; cfr L *et solem usque fecit* (col. 989 A).   14 Sic G; L *iubens deservire vanitati periturae* (col. 989 A).

(sunt) potestates, quae sunt absconditae, quas ministros nobis fecit, quas non aspicimus oculis corporis. **22** Nunc igitur, quid reddemus ei in die iudicii aut quod bonum deficiens est ab eo erga nos, quod non fecerit nobis? **23** Aut patriarchae non passi sunt pro nobis, aut sacerdotes non docuerunt nos, aut iudices et reges non pugna-   5 bant pro nobis, aut prophetae non perierunt pro nobis; **24** aut apostoli non persecutionem-passi sunt pro nobis, aut Filius eius carus non mortuus est pro nobis omnibus? **25** Debemus nunc nos ipsos praeparare ire ad nostrum creatorem cum puritate. **26** Nam vidit creator sanctos vel [15] creaturas quia non potentes sunt sanare   10 magnum vulnus quod factum est ipsarum membris suis; **27** propter hoc, ut pater creaturarum cognoscebat infirmitatem omnium intel- lectuum eorum, et misericordiam fecit pro eis secundum multam caritatem suam, **28** et *non pepercit* unigenito *filio suo* propter nos- trum omnium salutem, et *tradidit eum pro* peccatis nostris [16],   15 **29** et iniquitates nostrae humiliaverunt eum; *vulnere* autem *eius nos* omnes *sanati sumus* [17]; **30** et congregavit nos ab omnibus regio- nibus verbo potestatis suae, donec resurrectionem intellectuum nos- trorum faceret a terra et doceret nos quia alter alterius membra sumus. **31** Propter hoc convenit nobis omnibus, qui adiimus ad   20 nostrum creatorem, exercere intellectus nostros et sensus **32** ut
* p. 34 cognoscamus [18] * diversitatem boni et mali discretionem, ut sciatis omnem Iesu dispensationem quam fecit per suum adventum; nam *similis* nobis factus est *per omnia praeter* solum *peccatum* [19]. **33** Sed propter multam malitiam nostram et commotionem mali [20] et prop-   25 ter gravitatem nostri ipsorum inconstantiae, **34** propter hoc Iesu adventus fuit pro aliquibus temptatio [21], et alia ex parte emolumen- tum, item alia ex parte sapientia et potentia, et aliquibus factus est resurrectio et vita. **35** Et hoc manifestum sit vobis quia adven- tus eius factus est iudicium totius mundi, **36** nam dicit : « *Ecce dies*   30 *veniunt, dicit Dominus, et omnes noscent me a parvo usque ad magnum eorum, et non iam docebit unusquisque proximum suum et unusquisque fratrem suum et dicet : Cognosce Dominum;* et *auditum* faciam nomen meum usque ad terminum terrae », **37** *ut omne os concludatur et sub dicione sit omnis mundus Dei* [22]; nam   35

---

[15] Sic.   [16] *Rom.*, VIII, 32.   [17] *Is.*, LIII, 5.   [18] Vel *cognoscatis (ocqo- lit*).   [19] Cfr *Hebr.*, IV, 15.   [20] Vel *malam*.   [21] Cfr 1 *Cor.*, I, 23.   [22] *Ierem.*, XXXVIII, 31, 34 (Vulg. XXXI, 31, 34): *Rom.*, III, 19.

cognoscebant Deum et *non sicut* creatorem suum *Deum glorifica-*
verunt [23], per inintelligentiam suam, ex qua non potuerunt con-
tinere sapientiam eius, **38** sed unusquisque nostrum vendidit seipsum
voluntati suae in malum, et ei [24] serviimus. **39** Propter hoc etiam
Iesus minuit se ipsum e gloria, et formam servitutis servavit [25]
ut servitus eius nos liberos faceret. **40** Et stulti facti sumus, et
per stultitiam nostram omne malum fecimus, et rursus accepit
formam stultitiae ut per stultitiam suam sapientes faceret nos.
41 Et pauperes facti sumus, et per paupertatem nostram omnis virtus * deficiebat nobis, et propter hoc rursus accepit formam pauper-   * p. 35
tatis ut per suam paupertatem nos ditaret omni scientia et intelligentia. **42** Non solum hoc, sed infirmitatis etiam nostrae formam
accepit ut per suam infirmitatem confortaret nos. **43** Et *oboediens*
factus est Patri (in) omni (re) *usque ad mortem, et per mortem*
etiam crucis [26], **44** ut per mortem suam nostrum omnium resurrectionem faceret, ut deleret (eum) qui potestatem habebat mortis,
hoc est diabolum. **45** Et si vere liberabimus nos ipsos per eius
adventum, inveniemur discipuli Iesu, et divinam hereditatem per
eum accipiemus. **46** Vere, cari per Dominum, turbatus sum valde
et commotus sum spiritu meo, nam induimus formam et nomina
habemus sanctorum, et gloriamur coram infidelibus; **47** et timeo
ne verbum Pauli perficiatur super nos, quod dixit quia « Induent
formam Dei culturae, potentiam autem eius *negabunt* » [27]. **48** Et de
caritate quam habeo erga vos, oro ad Deum pro vobis ut consideretis [28] vestrum ipsorum vitam et hereditetis invisibilia. **49** Vere,
filii, (etiam)si dederimus nos ipsos omni potentia et quaeremus
Dominum, non est nobis gratia; nam nostram mercedem quaerimus,
quae est naturalis [29] essentiae nostrae. **50** Nam omnis homo qui
quaeret Deum vel ministrabit ei, naturā suae essentiae est quaesitor;
51 de omni autem peccato cuius sumus rei, alienum et praeter
naturam est nostrae essentiae. **52** Vere, filii cari per Dominum,
qui * praeparavistis vos ipsos [30] offerre victimas Deo in puritate,   * p. 36
nihil vobis melius celavimus, sed *quod vidimus testificamur* [31] vobis,

---

23 *Rom.*, I, 21.   24 Litt. *eis (matᶜ)*; cfr L *in mala, et ipsis servus dictus*
est (col. 989 D).   25 Cfr *Philipp.*, II, 7.   26 *Philipp.*, II, 8.   27 *Rom.*,
II, 20; *Tit.*, I, 16?   28 *moipootᶜ*; L *consideretis* (col. 990 B); in Vita Antonii
iberica, § 5 *moipova* = μεμελέτηκε.   29 Litt *naturā*, vel *ad modum naturae*
(bonebitᶜ).   30 Litt. *qui praeparaverunt se ipsos*.   31 *Ioh.*, III, 11.

quia inimici virtutis semper malum meditantur veritati. **53** Et
huius etiam sitis gnari quia *corporalis* semper *persequitur spiri-*
talem[32], et *omnis qui voluerit cum pietate vivere per Christum*
ille *persecutionem patietur*[33]. **54** Propter hoc etiam Iesus noscebat
omnes vexationes et temptationes venientes in mundum hunc super   5
apostolos, **55** et noscebat hoc quia per suam patientiam .destruent
omnes potentias inimici, hoc est idololatriam, **56** consolabatur eos
et dicebat quia « *Vexationem habetis* vos *in mundo* hoc, *sed ne*
timeatis, quia *ego vici mundum* »[34], **57** et docebat eos et dicebat :
« Ne timeatis mundum quia *omnes malitiae* mundi *non sunt dignae*   10
exspectatae gloriae[35]. Si ante vos prophetas persecuti sunt, vos
etiam persequentur; si me oderunt, vos etiam oderint[36]; sed ne
timeatis, quia per patientiam vestram dissolvetur omnis potentia
inimici ». **58** De minutia autem eorum verbi, multum est narran-
dum vobis, sed, sicut scriptum est, *Da sapienti occasionem* sapientiae   15
et sapientior erit[37]. **59** Nunc igitur spiritu sancto induti sancti
et iusti semper orant pro nobis ut humiliemur Deo et ut nostrum
honorem rursus accipiamus et induamus quod eximus vestimentum,
secundum nostram essentiam intellectualem. **60** Et saepe vox etiam
advenit a Deo Patre ad spiritu indutos omnes, et dicit eis : « *Con-*   20
* p. 37 *solamini, consolamini populum meum, dicit* * Dominus, sacerdotes[38]
loquimini cordi Ierusalem »[39]. **61** Nam Deus visitationem facit
semper super suas creaturas et ostendit benignitatem suam super
eas. **62** Verum vobis dico, cari, de minutia verbi libertatis qua
liberati sumus[40], sunt alia etiam multa verba narranda vobis, sed   25
dicit : « *Da sapienti occasionem* sapientiae *et sapientior erit* »[41].
63 Deus autem pacis det vobis gratiam et spiritum scientiae, ut
noscatis vos quod scribo vobis, quia mandata Domini sunt, **64** et
custodiat vos Deus omnis gratiae sanctos per Dominum usque ad
perfectionem spiritus ascensus. **65** Et oro ad Deum semper pro   30
vestrum omnium salute, cari per Dominum ; **66** *gratia domini nostri*
Iesu Christi cum omnibus vobis[42]. Amen.

---

32 Cfr *Gal.,* IV, 29.   33 2 *Tim.,* III, 12.   34 *Ioh.,* XVI, 33.   35 *Rom.,*
VIII, 18.   36 Cfr *Ioh.,* XV, 20.   37 *Prov.,* IX, 9.   38 Nominativo !   39 *Is.,*
XL, 1-2.   40 *Gal.,* V, 1.   41 *Prov.,* IX, 9.   42 2 *Cor.,* XIII, 13.

EPISTULA ANTONII SEXTA

1 Homo rationalis qui praeparavit se ipsum liberari per adventum Iesu, noscit ille se ipsum secundum intellectualem essentiam; **2** nam qui se ipsum novit, noscit ille creatoris dispensationes et quantum faciat inter suas creaturas. **3** Cari per Dominum et membra nostra et coheredes sanctorum, oro vos per nomen Iesu Christi ut Deus det vobis spiritum scientiae, **4** ut iudicetis et noscatis caritatem quantam habeo erga vos, quia non est caritas corporalis, sed * spiritalis caritas Dei culturae. **5** Nam de nominibus vestris cor-   * p. 38 poralibus nihil oportet scribere ad vos, quia transitoria sunt; si homo cognovit verum nomen, videbit ille veritatis etiam nomen. **6** Propter hoc etiam Iacob cum pugnabat cum angelo noctem totam (in) illa nocte, adhuc remansit et dicebatur adhuc Iacob; et ut illuxit, vocatum est ei nomen Israel[1]; interpretatio nominis huius est haec : intellectus videns Deum. **7** Puto quia non ignari fuistis vos quia adversarii virtutis semper malum meditantur veritati; **8** propter hoc non solum uno tempore visitationem fecit Deus super creaturas, **9** sed ab initio nonnulli[2] praeparaverunt se ipsos venire ad creatorem suum ex testamenti lege eius[3], qui docentur ab eo adorare suum creatorem sicut oportet adorare. **10** Nam per multitudinem infirmitatis et gravitatem corporis et curas malas exaruit testamenti lex, et sensus animae infirmati sunt. **11** Ex hoc non potuerunt invenire se ipsos secundum creationem suam; **12** et quia essentia est immortalis, quae non dissolvitur cum corpore, non potuit liberari per suam iustitiam; propter hoc indulsit ei Deus per suam benignitatem et per scripturam legis[4], ad docendum eos adorare Patrem sicut oportet. **13** Nam Deus unus est, et intellectualis essentia est unitate. **14** Manifestum sit vobis verbum hoc, cari, quia apud omnes[5] quibus non est consonantia bellum congregant pro se ipsis. **15** Et vidit hoc creator quia * vulnus eorum magnum-   * p. 39 factum-est et indiget cura medici; **16** nam Iesus ipse est creator eorum et ille idem rursus sanavit illos, et misit praecursores ante faciem suam. **17** Et non timebimus dicere de Mose legis datore,

---

1 *Gen.*, xxxii, 24-28.   2 Cod. *qui*; cfr L *nonnulli* (col. 996 D).   3 Litt. *eorum*, vel *sua*.   4 Leg. *per scriptam legem*, ut L (col. 997 A)?   5 Sc. *locos?* Cfr L *omnis locus in quocumque non fuerit* (col. 997 A).

quia ille est unus ex prophetis eius, **18** et quia spiritus qui erat
cum Mose, idem adiuvabat concilium sanctorum; et omnes precati
sunt de unigenito filio Dei. **19** Et rursus Iohannes unus est ex
prophetis eius; propter hoc etiam *lex et prophetae usque ad Iohan-
nem* [6] et *regnum Dei violatur et qui violabunt rapient illud* [7]. **20** Et
viderunt spiritu induti quia nemo potens est inter creaturas sanare
magnum vulnus praeter benignitatem Patris, quae est unigenitus
eius, quem misit ut salvatorem totius mundi. **21** Quia ille est magnus
medicus, potens sanare magnum vulnus, rogaverunt Deum et benignitatem eius, **22** et pater creaturarum *non pepercit unigenito* suo pro
nostrum omnium salute, *sed dedit eum pro nobis omnibus* [8]. **23** Et
iniquitates nostrae humiliaverunt eum et *vulnere eius nos* omnes
sanati sumus [9]. **24** Et verbo potentiae suae congregavit nos ab
omnibus regionibus a termino terrae usque ad terminum mundi,
25 et fecit resurrectionem cordium nostrorum a terra, et docuit nos
quia alter alterius membra sumus. **26** Oro vos, cari per Dominum,
ut sciatis scriptum hoc quia mandata Domini sunt, quia magnum
est hoc ut intelligamus formam quam accepit Iesus pro nobis, nam
* p. 40 *per omnia similis* nobis factus est *praeter* * *peccatum* [10]. **27** Nunc
igitur convenit nobis etiam ut liberemus nos ipsos per adventum
eius, **28** ut per stultitiam suam sapientes-faciat nos, et per paupertatem suam ditet nos, et per infirmitatem suam confortet nos, et
omnibus nobis faciat resurrectionem, et dissipet illum qui potestatem habebat mortis. **29** Tum etiam cessabimus (in)vocare Iesum
pro corporalitate; nam adventus Iesu adiuvat nos in bona servitute,
donec dissipemus omnes malitias nostras. **30** Tum dicet nobis Iesus :
« *Non iam dicam vos servos, sed* fratres » [11]. **31** Quando igitur pervenerunt ad accipiendum spiritum filiationis apostoli, tum docuit
eos spiritus sanctus adorare Patrem sicut oportet. **32** Et mihi,
misero huic maledicto Christi, fecit mihi tempus hoc in quod perveni
gaudium et lamentationem et fletum. **33** Nam multi ex generatione
nostra induerunt vestimentum Dei culturae, et potentiam eius ab
eis negata est. **34** Qui autem praeparaverunt se ipsos liberari per
adventum Iesu, super illos gaudeo. **35** Qui autem negotiantur nomine
Iesu et faciunt voluntatem cordis et corporis, de istis talibus lamen-

[6] *Luc.*, xvi, 16.   [7] *Matth.*, xi, 12.   [8] *Rom.*, viii, 32.   [9] *Is.*, liii, 5.
[10] Cfr *Hebr.*, iv, 15.   [11] *Ioh.*, xv, 15.

tor. **36** Qui aspexerunt longitudinem temporis, et animo deficientes facti sunt et exuerunt vestimentum Dei culturae et facti sunt illi bestiae, de illis fleo. **37** Cognoscite igitur, istis talibus hominibus quia adventus Iesu factum est eis magnum iudicium. **38** Vos autem,
5 cari per Dominum, intelligite vos ipsos ut tempus etiam hoc noscatis, et praeparate vos ipsos offerre victimas gratas Deo. **39** Vere, cari per Dominum, quia *ut intelligentibus* * scribo vobis [12], quia * p. 41 potentes estis intelligere vos ipsos. **40** Scitis hoc quia qui intellexit se ipsum, ille noscit Deum et dispensationes eius quas facit super suas
10 creaturas. **41** Manifestum sit vobis verbum hoc quia non corporalem caritatem habeo ego erga vos, sed caritatem spiritalem Dei culturae, **42** nam Deus *glorificatur in consilio sanctorum* [13]. **43** Praeparate vos ipsos donec intercessores habemus adhuc qui exorent Deum ut ignem istum, ad quem effundendum venit Iesus super terram [14],
15 tribuat cordibus vestris, **44** ut possitis exercere corda vestra et sensus vestros ut noscatis eligere bonum a malo, dexteram et sinistram, firmitatem et infirmitatem. **45** Noscebat hoc Iesus quia potentia diaboli est materia huius mundi, advocavit suos discipulos et dixit eis : **46** « *Ne thesaurizetis vos super terram, neve curetis*
20 *de crastino, nam crastinum ipsum curabit de se ipso* » [15]. **47** Vere, cari, in tempore venti tranquillitatis navis gubernator gloriatur; in venti autem violenti et adversarii tempore omnis peritus navis gubernator manifestatur. **48** Nunc intelligite tempus hoc in quod pervenimus quale sit. **49** De minutia autem verbi libertatis sunt
25 multa narranda vobis, **50** sed si *dederis occasionem sapienti, sapientior erit* [16]. **51** Saluto vos filios * caros *a parvo usque ad magnum* [17] * p. 42 vestrum per Dominum. Amen.

---

[12] Cfr 1 *Cor.*, x, 15.   [13] *Ps.* LXXXVIII, 8.   [14] Cfr *Luc.*, XII, 49.
[15] *Matth.*, VI, 19 et 34.   [16] *Prov.*, IX, 9.   [17] Cfr *Act.*, VIII, 10 etc.

Cod. copt. Neapol. I. B. 1, n⁰ 345 (Zoega CLXXI).

48 Intelligite ergo hoc tempus in quod advenimus quale sit. **49** De minutia autem verbi libertatis huius sunt multa dicenda vobis,
30 **50** sed si dedero *occasionem* * *sapienti, erit sapientior*. **51** Saluto vos * p. 42 a parvo vestro usque ad magnum vestrum.

EPISTULA ANTONII VII[1]

1 Antonius[2] caros fratres saluto per Dominum; gaudete; non fatigabor memorare vos membra ista catholicae ecclesiae. **2** Et scire vos volo caritatem quam habeo erga vos quia non est corporalis sed spiritalis Dei culturae. **3** Nam corporis nostri caritas infirmata est et instabilis et concussa[3] ab alienis ventis. **4** Et omnes timentes Deum et qui observant mandata eius * servi sunt Dei; **5** in servitute autem illa non est perfectio[4], sed iustitia est quae ducit ad filiationem. **6** Propter hoc etiam prophetae et apostoli et omnia concilia sanctorum, qui a Deo electi sunt et credita est eis apostolica praedicatio, Patris et Dei benignitate vincti fuerunt illi ⌈a Iesu Christo[5]. **7** Nam Paulus apostolus dicit : « Paulus[6] Iesu Christi electus apostolus ».[7], **8** ut scripta lex adiutor vobis sit per bonam servitutem, donec possimus dominari super omnes passiones corporis, et per-

* p. 43

5

10

15

---

1 Alt. tit. om. B.   2 B add. *omnes.*   3 *inconcussa* (sic) B.   4 Litt. *servitus autem illa, non est in ea perfectio*; cf. copt.   5 *propter Christum Iesum* B.   6 B add. *vinctus.*   7 *Ephes.,* III, 1; *Rom.,* I, 1.

Cod. copt. Neapol. I. B. 1, n° 345 (Zoega CLXXI).

Item Ἀντωνίου ἐπιστολὴ IV

1 Antonius scribit dilectis omnibus fratribus in Domino, salvete; membra ecclesiae, non deficio recordans vestri. **2** Volo vos scire caritatem quae inter me et vos, quia non caritas est corporalis, sed caritas est culturae Dei. **3** Amicitia enim corporis non habet firmitatem, nec stabilis est, mota per ventos alienos. **4** Quicumque timet Deum et custodit * eius mandata servus est Dei; **5** in hac enim servitute non perfectio inest[1], sed iusta est, cum sit dux ad filiationem. **6** Propter hoc prophetae ipsi et apostoli, chorus sanctus, quos Deus elegit ut crederet eis praedicationem apostolicam per bonitatem Dei Patris facti sunt vincti in Christo Iesu; **7** Paulus enim dicit quia « Paulus vinctus Christi Iesu apostolus vocatus »[2], **8** ita ut scriptura legis operetur nobiscum in servitute bona donec possimus

* p. 43

20

25

---

1 Litt. *haec servitus enim, non perfectio est in ea.*   2 *Ephes.,* III, 1; *Rom.,* I, 1.

fectionem accipiamus [8] per bonum ministerium virtutis per apostolicam vitam [9]. **9** Si quis propinquus factus erit ad accipiendam
gratiam, tum dicet ei [10] Iesus : « *Non iam vocabo vos servos, sed
vocabo vos amicos* et fratres, *nam quod docuit me*

[*Reliqua, quae codici Sin. geor. 35 desunt, sumimus e cod. Sin. geor. 25,
fol. 71v, l. 12-fol. 73r*]

5 * *Pater, manifestavi vobis* » [1]. **10** Nam qui propinqui facti sunt et * p. 44
edocti sunt a Spiritu sancto noverunt se ipsos secundum intellectualem essentiam. **11** E cognoscentia autem sui ipsorum, clamave-
runt et dixerunt quia « *Non acceptus est a nobis* <...> [2] *spiritus
filiationis, per quem clamamus : Abba, quod est Pater* » [3], ut nosca-
10 mus quod donavit nobis Deus; **12** nam *filii* sumus et *heredes Dei* et
coheredes Christi [4]. **13** Fratres cari et sanctorum comparticipes [5],
omnis virtus non aliena est a vobis, sed vestra est, et innoxii estis a
corporali vita et coram Deo manifestati estis. **14** Malum autem
facienti animae non accedit spiritus Dei, nec habitabit in corpore

---

1 *Ioh.*, xv, 15.   2 Lacuna ex haplographia; cfr II 29.   3 *Rom.*, viii, 15.
4 Cfr *Rom.*, viii, 17.   5 Nomin., non vocat.!

---

15 dominari super passionem omnem et perficiamus ministerium bonum
virtutis per hoc apostolicum. **9** Si enim advenerit [3] ad gratiam, tum
Iesus dicit eis [3] quia « *Non iam vocabo vos servos, sed vocabo * vos * p. 44
amicos* meos et fratres meos; *quia quae audivi omnia a Patre meo
docui vos* » [4]. **10** Qui advenerunt enim, et edocti sunt a Spiritu sancto,
20 noverunt se secundum suam essentiam spiritalem. **11** Cum autem
noscerent se, exclamaverunt, dicentes quia « *Non enim accepimus
spiritum servitutis in timorem, sed spiritum filiationis per quem
clamamus quia Abba Pater* » [5], ut sciamus ea quae Deus donavit
nobis; **12** *si* nos *filii*, tum nos *heredes, heredes quidem Dei, cohere-
25 des* sanctorum [6]. **13** Filii mei cari, coheredes sanctorum, alienae
vobis non sunt omnes virtutes, sed vestrae sunt, si non rei estis ex
hac vita carnali, manifesti autem estis Deo. **14** *Non* enim spiritus
venit ad animam cuius cor pollutum est *neque (in) corpus peccans* [7];

· · 3 Sic.   4 *Ioh.*, xv, 15.   5 *Rom.*, viii, 15.   6 *Rom.*, viii, 17   7 *Sap.*, I, 4.

* p. 45 *peccato patienti, nam sancta* potentia est et *fugit ab* omni * *dolo*[6].
15 Vere, cari, quia[7] hominibus intelligentibus scribo vobis[8], qui
potuistis vos ipsos noscere; nam qui se ipsum cognovit, ille Deum
cognovit; qui autem Deum cognovit debet ille adorare Deum sicut
oportet. **16** Cari per Dominum, intelligite vos ipsos, nam qui se   5
ipsos intellexerunt, tempus etiam suum cognoverunt; qui autem
tempus suum cognoverunt potentes facti sunt illi se ipsos confirmare, et non concussi sunt illi e diversis linguis. **17** De Ario autem
qui surrexit Alexandriae et dicebat verba aliena de Unigenito —
nam cui tempus non erat dedit ei tempus, et infinito apud creaturas   10
dedit finem, et immobilem dixit mobilem —, **18** hoc autem dico :
Si homo homini peccaverit, ad Deum orabunt pro eo homines; *si
Deo peccaverit*[9]*, ad quem orabunt pro eo?*[10] **19** Ille igitur homo
* magnum opus conatus est facere, et vulnus eius insanabile est.
20 Si se ipsum cognovisset iste talis homo, non dixisset lingua eius   15
quod non noscebat; sed per hoc manifestum est quia se ipsum non
cognovit.

[6] *Sap.*, I, 4-5.   [7] Leg. *sicut.*   [8] Cfr 1 *Cor.*, x, 15.   [9] *peccaverint* cod.
[10] Cfr 1 *Sam.*, II, 25.

---

* p. 45 sancta est potentia remota ab omni dolo. * **15** Vere, cari, scribo vobis
sicut hominibus *prudentibus*[8] qui potuerunt noscere se. Qui enim
cognovit se, cognovit Deum; qui cognovit Deum dignus est adorare   20
eum sicut oportet. **16** Cari mei in Domino, cognoscite vos; qui
enim cognoverunt se, cognoverunt tempus suum; qui autem cognoverunt tempus suum potuerunt statuere se, non moventur per linguas
varias. **17** De Ario enim, qui surrexit Alexandriae, dixit verba
aliena de Unigenito; nam cui non est initium, dedit initium ei;   25
qui ineffabilis est in hominibus, dedit finem ei; qui sine motu est,
dedit motum ei. **18** *Si homo peccat in hominem,* orant Deum pro
illo; *si autem peccaverit* Deo, quem *orabunt pro illo?*[9] **19** Homo
* p. 46 igitur ille suscepit * magnum opus, plagam insanabilem; **20** si enim
ille cognovisset se ipsum, lingua eius non dixisset id quod non   30
cognoscit; sed manifestum est quia non cognovit se.

[8] Cfr 1 *Cor.*, x, 15.   [9] Cfr 1 *Sam.*, II, 25.

INDEX BIBLIQUE

Genesis

XXXII, 24-28 : 25, *12.*

1 Sam.

II, 25 : 30, *12, 27.*

1 Regum

XVIII, 38-40 : 17, *5.*

Psalmi

XVIII, 8 : 1, *1.*
XXIX, 10 : 9, *29.*
XXXIII, 8 : 19, *6, 31.*
LXXXVIII, 8 : 27, *12.*
C, 5 : 3, *34.*
CXVIII, 130 : 1, *2.*
CXV, 12 : 9, *27.*
CXXXI, 4 : 8, *13*; 12, *4*; 18, *18.*
CXXXIII, 2 : 17, *2.*
CXL, 2 : 3, *28.*

Proverbia

VIII, 8 : 3, *21.*
IX, 9 : 7, *20*; 20, *15*; 24, *15, 26*; 27, *25.*
X, 4 : 3, *29.*
XII, 18 : 3, *23.*

Sapientia

I, 4-5 : 29, *11, 27.*
I, 14 : 16, *29.*

Isaias

XXXV, 10 : 20, *13.*
XL, 1-2 : 24, *20.*
LIII, 5 : 6, *18*; 9, *20*; 11, *31*; 18, *7*; 22, *16*; 26, *12.*

Ieremias

VIII, 22 : 6, *2*; 9, *10.*
XXVIII, 9 (Vulg. LI, 9) : 6, *4*; 9, *12.*
XXXVIII, 31, 34 (Vulg. XXXI, 31, 34) : 22, *30.*

Ezechiel

XII, 3 : 6, *6*; 9, *17.*

Ioel

II, 13 : 7, *15*; 9, *26*; 21, *23.*

Matthaeus

VI, 19 et 34 : 27, *19.*
XI, 12 : 26, *5.*

Lucas

II, 34 : 7, *12.*
XI, 26 : 14, *18.*
XII, 49 : 27, *11.*
XVI, 16 : 26, *4.*
XXI, 34 : 2, *15.*

Iohannes

III, 11 : 23, *33.*
XV, 15 : 6, *32*; 26, *27*; 29, *3.*
XV, 20 : 24, *12.*
XVI, 33 : 24, *8.*

Actus Apost.

VIII, 10 : 7, *21*; 11, *6.*

Ad Romanos

I, 1 : 28, *13.*
I, 21 : 23, *1.*

II, 20 (?) : 9, *25*; 23, *22*.
III, 19 : 22, *35*.
VIII, 15 : 7, *3*; 29, *8*.
VIII, 17 : 7, *7*; 29, *10*, *24*.
VIII, 18 : 24, *10*.
VIII, 32 : 6, *15*; 9, *18*; 22, *14*; 26,
     10.

1 ad Corinthios

I, 23 : 22, *27*.
IX, 27 : 2, *4*, *18*.
X, 15 : 9, *30*; 12, *19*; 20, *9*; 27,
     7; 30, *2*.
X, 31 : 4, *5*.
XII, 21, 26 : 17, *32*.
XII, 27 : 17, *32*.
XV, 22 : 21, *6*.

2 ad Corinthios

II, 16 : 7, *10*.
V, 16 : 7, *1*.
V, 16-17 : 20, *24*.
VIII, 9 : 20, *19*.
XIII, 13 : 24, *31*.

Ad Galatas

IV, 29 : 24, *2*.

Ad Ephesios

III, 1 : 28, *13*, *27*.
V, 18 : 2, *11*.

Ad Philippenses

II, 6-7 : 11, *29*.
II, 6-11 : 6, *7*.
II, 7 : 18, *4*; 23, *5*.
II, 8 : 23, *13*.

Ad Colossenses

III, 5 : 4, *12*.

2 ad Timotheum

III, 12 : 24, *3*.

Ad Titum

I, 16 (?) : 9, *25*; 23, *23*.

Ad Hebraeos

IV, 15 : 6, *24*; 22, *24*; 26, *19*.
XI, 13 vel 39 : 5, *18*.

Iacobus

I, 26 : 3, *13*.
III, 5, 6 : 3, *16*.

INDEX ANALYTIQUE

TABLE DES MATIÈRES